Joachim Hille · Erde – bist so klein geworden

CW01080283

Joachim Hille, geboren 1954 in Steinmauern bei Rastatt, wurde im Alter von drei Jahren vom Vater entführt und in die Abgeschiedenheit des hohen Norden verbracht. Aufgewachsen ist er in der Geborgenheit und Gefangenschaft des Sozialismus der ehemaligen DDR. Ein Leben lang hat er die Mutter und den Vater entbehrt, da die Stiefmutter an Grausamkeit unübertroffen blieb. Nach zehn Jahren Oberschule, Kochlehre und zweijähriger Tätigkeit als Küchenchef begann er eine Laufbahn beim Militär.

Seit achtzehn Jahren ist er Zugchef bei der Deutschen Bahn und das mit ganzer Seele. Zweimal verheiratet und zwei Kinder. Sein Motto: Das Leben ist ein Abenteuer, das es zu überstehen gilt.

Joachim Hille

Erde –
bist so klein geworden

Gedichte und Geschichten

© 2006 Joachim Hille
Satz und Layout: Buch&media GmbH, München
Umschlaggestaltung: Kay Fretwurst, Spreeau
Herstellung und Verlag: Books on Demand GmbH, Norderstedt
Printed in Germany
ISBN 3-8334-4727-3

Gedichte

Ein Wunsch

Ach hätte einen Wunsch ich frei –
oh Zauber –,
ich wollte nur den einen.
Dann wär es mir nicht einerlei,
du solltest nie mehr weinen.

Hätt ich die Zauberkraft des kleinen Mannes –
ein Troll –,
was hat der eine Macht.
Unsichtbar sein
und mich verzaubern kann er,
doch zeigen darf er sich – nur in der Nacht.

Die Sonnenstrahlen mit ihrer Wärme und dem Licht
sind mächtiger als seine Zauberkraft.
Gern findet man den kleinen Wicht,
den süßen Troll –
mit seinen Mächten – auch noch zauberhaft.

Und süßer du mit nassem Blick,
du musst auch einmal weinen –
du darfst auch in die Sonne, welch ein Glück,
ich brauch ihn nicht –
den Wunsch –
den einen.

Was nützt mir schon die Zauberkraft,
würd mir erfüllen wollen manchen Traum.
Doch hätte ich des Zauberer Macht,
ob ich wohl glücklicher wär, ich glaube es kaum.

Ich hab geträumt

Ich hab geträumt, ich würde mich verlieben,
ich sah ein Mädchen, einer Göttin gleich.
Ich ließe mich so gern von ihr besiegen,
ein Blick, ein Kuss und eine Haut so weich!

Das Herz schlägt mir nun bis zum Halse,
ich wünscht, ich wär dem Sternenhimmel nah.
Hab lang gewartet und gelebt auf meine Weise,
zum Glücklichsein nahm ich den Sternenzauber wahr.

Jetzt geh ich strahlend, lächelnd, mit Bedacht
auf meinem Regenbogen zu der Liebe Grund.
Wär ich doch Zeus und hätte alle Macht,
möcht ich dich lieben, treu sein – Tag und Nacht.

Oh Herz, vertrau und zeig die Liebe mir,
ins Dunkel ist es noch so weit.
Den Stern, der dir gefällt, den nimm dir,
du sollst ihn haben für den Rest der Zeit.

Fast sollte mich die Einsamkeit besiegen,
gewartet hab ich lange auf das Glück.
Es ist gelungen mich unsterblich zu verlieben.
Oh Götter, ich will nicht zurück!

Rosen brauchen Liebe

Dunkel lagen schwere Wolken,
Traurigkeit umschlang ihr Herz.
Alle Hoffnung war geschmolzen
und sie fühlte nur den Schmerz.

Feuchte Perlen ihr da rannen
aus den Augen – scheuer Blick.
Mit der Sehnsucht, dem Verlangen
ging von dannen ihr das Glück.

Brennen Schatten auf der Seele
und ihr Herz nur trauern kann.
In der Einsamkeit alleine
keine Rose blühen kann.

Leise kam der Liebe Hoffnung,
unbeirrt steht sie am Meer.
Dachte an der Liebe Freuden,
Sehnsucht wuchs dann mehr und mehr.

Sah sein Antlitz in den Weiten,
dachte, das muss er doch sein.
Kann ihr Glück nur sich allein bereiten,
ihre Seele trank von Amors Wein.

Und der Traum schließt seine Arme,
sieht, sie ist der Rose gleich.
Dass der Himmel sich erbarme!
In der Liebe sind alle gleich.

Sei ihr auch noch so beklommen,
Herz schmerzt, Kopf und auch der Bauch.
Glücklich jene die bekommen
ihre Liebe – die jede Rose braucht.

Liebe ist wie Sonnenlicht

Das erste, was du je geseh'n,
das war das Licht der Welt.
Dass du nur satt und glücklich bist,
nun für die Mama zählt.

Die Kinderzeit, sie war so schön
und viel zu schnell vorbei.
Du lernst vom Leben und der Liebe
und viele Dinge nebenbei.

Es ist der Jugend holdes Glück
zu wachsen, zu gedeih'n.
Die Kinderzeit kehrt nicht zurück,
nun sind wir schon bald drei.

Und wo die Liebe bringt Sonnenlicht,
weiß man, dass es auch Schatten gibt.
Die Welt beherbergt manchen Wicht,
glücklich bist du nur, wirst du geliebt.

Wünschst du das Glück dir auch in Ewigkeit,
du lebst in deinen Kindern fort.
Bist hier ja nur den Bruchteil einer Zeit,
doch bleibt die Liebe –
selbst wenn du gehst an einen andern Ort.

Sternenzauber

Leb voller Sehnsucht und mit Freuden,
mit allen Sinnen und mit Herz,
große Weiten hoch im Norden.
Berge, Wasser, Fisch und Nerz!

Es brennt die Haut an langen Tagen,
ist bunt die Welt im nordisch Licht.
Erst nach dem Fang willst du dich laben
Glück und Freude im Gesicht.

Sterne sah ich nie so funkeln,
deine Augen – meeresgleich!
Oh dein Lächeln, wie ein Zauber,
einer großen Liebe gleich.

Geschenk

Oh Liebes, bitte sage mir,
darf ich an dich nur denken?
Mein Herz verlor ich nun an dich,
es lässt sich nicht mehr lenken.

Brauch starken Willen, um nicht zu verzagen,
ich liebe dich, dass es mich schmerzt.
Für dich würd ich den Gang zur Hölle wagen,
ich schenk es dir, mein großes Herz!

Die Liebe ist wie eine Rose

Die Liebe ist wie eine Rose,
sie gedeiht nur in Wärme und viel Licht,
ihr hilft kein Geld und kein Gepose,
und stirbt sie, merkt die Welt es nicht.

Und an so langen Wintertagen
mit Kälte, Schnee und Eis
kann manche Rose gar verzagen,
von deren Mut kaum einer weiß.

Es hilft kein Duften und kein Wagen,
kein Stachel und kein betörend Grün,
nein, sterben wird sie ohne Klagen,
dabei in schönsten Farben blühn.

Die Liebe gleicht der einen Rose
in Duft und Farben – es ist ein Traum,
darin hilft uns gar keine Pose,
nur Mut um eine Zukunft drauf zu baun.

Sonnenstrahl

Ein Sonnenstrahl ein Herz traf heut,
als süße Stimme er vernahm.
Das meist die Sonne scheut
und aus dem Schatten kam.

Mit Schmerz und enger Brust wollt er
der Einsamkeit entfliehn.
Und flüsternd eine Stimme sagt:
»Lass uns doch nordwärts ziehn.«

Er fühlte diesen Sonnenstrahl
als Amors Pfeil im Herzen.
Hat er ein Glück – und keine andre Wahl –,
vorbei sind Einsamkeit und Seelenschmerzen.

Dein Herz wie eine Sonne strahlt

Dein Herz wie eine Sonne strahlt,
deine Worte – Kinderlachen.
Schön dein Antlitz, wie gemalt,
komm, lass uns Träume machen.

Willst im Flockenwirbel stets den Hang erklimmen,
atemlos geht es hinauf.
Ich hör dein Lachen und die Glocken klingen,
lass uns leicht durchs Leben schwingen,
und die Uhr des Glücks hört nie zu schlagen auf.

Komm und teile deine Zeit des Lebens,
Liebe ist unendliche Lust.
Hab gehofft, geträumt, war nicht vergebens,
glücklich sein mit dir ist keine Kunst.

Leben

Der Mensch, er strebt immer zum Licht
und so gewiss, wie es die Sonne gibt,
trägt Fragen er in sich:
Was kommt, was geht und
ob die Welt er haben kann für sich.

Am Anfang, ja, da weiß er nicht,
dass Leben nur kann ganz allein –
welch Glück –
die Schule für die Zukunft sein.

Den Himmel
gibt es auch auf Erden,
doch nur die Liebe lässt ihn
zu einem Menschen werden
und sein,
und nur im Traum gehört die Welt
ihm ganz allein.

Zeit

Du spürst die Zeit und fühlst das Licht
und bist noch leichten Herzens froh.
Du nimmst so wichtig alles nicht
und träumst vom Glück noch sowieso.

Du denkst, die Zeit ist elend lang,
gehört dir schon die halbe Welt.
Doch plötzlich wird die Seele krank
weil dir die große Liebe fehlt.

Genieße das Leben im Werden und Sein,
erfreu dich des Daseins bei Tag und bei Nacht.
Dann wirst du erstrahlen wie Rosen so fein,
hast du schon das Glück zum eignen gemacht.

Doch achte darauf, wenn du glänzt im Lichterschein:
Von Neidern ist die Welt immer voll.
Kein Schmetterling bleibt lang allein,
enttäuscht zu werden findet niemand so toll.

Wünsche

Ich will …
die Sonne lieben,
dass die Schatten sind vertrieben,
jeden Ärger vermeiden,
mich mutig zeigen.

Die Träume sollen fliegen,
das Geld nie versiegen,
ein Freund will ich sein,
und nie ganz allein.

Für dich will ich hoffen
und wär ganz betroffen,
wärest du nicht mein Glück …
… denn dann käm ich aus dem Traum nicht wieder zurück!

Ein Lächeln

Ein Lächeln sollte man vergleichen
mit einem Sonnenstrahl.
Du kannst mit ihm so manches Herz erweichen,
und schöner macht's die Welt doch allemal.

Ein Lächeln kostet dich kein Geld,
es macht dich eher reicher.
Es wie ein Sonnenstrahl die Welt erhellt,
und deine Börse wird dadurch nicht leichter.

Es ist oft nur für einen Augenblick,
für einen Wimpernschlag zu sehen.
Das Lächeln ist ein kleines Glück,
bleibt manchmal ewig lang bestehen.

Drum nimm das Los der Welt mit einem Lächeln hin
und sei stets frohen Mutes.
Ein sonnig Lächeln ist stets ein Gewinn,
und für die Welt bedeutet jeder Sonnenstrahl nur Gutes.

Zärtlicher Engel

Unerschütterlich im Glauben
einen Engel ich ersehnt.
Ließ mir nicht die Hoffnung rauben
dass ein Engel mich versteht.

Lange Zeit verschloss sich mir der Himmel,
ich war gefangen durch Betrug und List.
Musste um mein Leben bangen
und erkennen, dass die Wahrheit stärker ist.

Und nun reift in mir die Hoffnung,
Liebe ist die große Macht.
Auf dem Bild der zärtlich Engel
hat mir wieder Mut gemacht.

Möchte träumen von der Liebe,
von der Zartheit deiner Haut.
Schönste Verse ich dir schriebe,
wär so gern mit dir vertraut.

Schmetterling

Wenn der warme Sonnenstrahl
den blühend Strauß berührt,
siehst du ihn mit einem Mal,
den Schmetterling –
er seinen schönsten Tanz vollführt.

Und wie das schönste Blumenbunt
strahlt er in seinen Farben.
Der Schmetterling –
er tut den Frühling kund,
wie gern möcht er den Nektar haben.

Und streichelt dich der Sonnenstrahl,
kannst du die Schmetterlinge hören.
Das schönste Wesen ist nun mal
der Schmetterling –
mit seinem Lied kann er dich auch betören.

Du denkst, er ist ein Traum von einem Stern,
der Schmetterling –
es kann doch nur ein kleiner Engel sein.
Du bleibst den Wolken lieber fern,
und sieh – ein warmer Sonnenstrahl
dringt tief ins Herz dir ein.

Regenbogen

Am Horizont in weiten Fernen
sah ich die schönsten Farben heut.
In deiner Augen blauen Sternen
fand ich den Himmel –
und habe keinen Blick bereut.

Weit, sehr weit und unerreichbar
fiel warmer Regen auf das Land,
macht den Regenbogen sichtbar
in seiner Farbenpracht am Himmelsrand.

So wie der Regenbogen bringt mir Freude,
die tief ins Herz hinein mir reicht,
beglückt dein Antlitz, deine Augen,
und mein Herz vibriert ganz leicht.

Die bunte Straße lässt mich träumen,
Freud und Glück mein Herz verspürt.
Obwohl ich liebe so den Regen,
nur der Himmel zu dir führt.

Sehnsucht nach dir

Ich will dich nur sehen
und deine Blicke verstehen,
deinen Herzschlag spüren
und die zarten Lippen berühren,
deine Worte hören,
die mir die Sinne betören.
Gern würd ich dich necken,
deine Haut kosend schmecken.
Ich möchte dein Haar und die Füße dir küssen
und niemals wollte ich dich vermissen.
Gern würde ich dich an die Hand auch nehmen,
die Freiheit dir lassen, dich niemals zähmen.
Zu gern würd ich sein, wer ich wirklich bin,
und nur zu gern gäb ich mein Leben für dich hin.

Welche Mächte

Welche Mächte uns gefangen,
weißt du noch, wie es begann?
Zarte Träume und ein Bangen –
darf das sein, dass ein Verlangen
uns beseelt und auch beglückt?
Was, warum sind wir entrückt
dieser Liebe stark und mächtig?
Liebe, Liebste – hilf mir!
Ohne dich und deine Liebe
wär das Leben nicht so prächtig.

Eine Rose wie Himbeereis

Ein kleiner Weg strebt auf den Hügel,
gesäumt von wildem Dorne.
Ein Mann hinaufkommt ohne Mühe,
und sieht ein prächtig Haus da vorne.

Das Dach ist strahlend in der Sonne,
getragen von der weißen Wand,
geziert mit einer Blumenwonne,
gepflegt von zarter Hand.

Ein Blick von hier geht in die Ferne
durchs Tal hinaus ins weite Feld.
SIE steht am Fenster, träumt so gerne
von einer andern, schönren Welt.

Seit jener Zeit – er kam den Hügel
hinauf bis an das Tor –
spürt SIE die Sehnsucht wie ein Flügel.
Was hat das Leben mit ihr vor?

SIE sieht die Rosen leuchtend blühen
und auf den Höhen zeigt sich schon des Herbstes Weiß.
In vielen Farben sich die Blumen mühen,
eine Rose strahlt wie Himbeereis.

Auch mit den Dornen ist SIE schön wie eine Rose,
findet in ihrem Herbst viel freie Zeit.
Lang widerstand SIE wohl der Welt Getose,
doch Sehnsucht macht das Herz ihr weit.

Er kam, nicht um die Rose ihr zu brechen,
sie warn sich gleich – ein Herz und ein Gemüt.
Er kam und brachte ihr den zweiten Flügel,
gemeinsam es sich leichter in die Zukunft fliegt.

Werbung!

Ein jeder weiß, was ihm gefällt,
wie er sich kleiden will,
wofür in feinsten Kleidern man ihn hält,
er trotzt gar manchem Drill.

Er kann auch wählen, was ihm hilft,
wenn Alltag an der Seele nagt,
wie er will wohnen, leben und genießen,
wohin er will, wenn ihn das Alter plagt.

Will er nur einen Film ansehen
sagt Werbung ihm, wann Pause ist.
Der Hund will kurz mal Gassi gehen?
Da nutzt man schnell der Werbung Frist.

Wofür ist Werbung denn gedacht?
Es soll dir gut nur gehn.
Doch Seele, nimm dich fein in Acht,
du sollst die Welt mit eigenen Augen sehn.

Mit Werbung wird Profit gemacht,
sollst fern sein dieser Welt.
Ob's schlecht geht oder Glück dir lacht,
dort geht's nur um dein Geld.

So ist es auch nicht wirklich schwer
bekannt zu werden in dieser Welt.
Bedienst du dich der Werbung mehr,
dann kommst auch du vielleicht ans große Geld.

Erde

Erde – bist so klein geworden,
hältst die Menschen und das Meer
lange schon im Schoß geborgen,
auch der Tiere weites Heer.

Es trieb die Sehnsucht deine Menschen
in die Ferne und ins All.
Viele wollten ewig leben,
mancher war des andern Qual.

Und so streben sie nach Reichtum,
Geld und Gold und Immobilie.
Immer gab es Armut, Siechtum,
und der Reichen gibt es viele.

Doch was nützt des Reichtums Segen,
wenn Atomkraft, Aids zur Welt gehört.
Ozonloch oder saurer Regen,
es ist der Mensch, der sich und seine Welt zerstört.

Weihnachtszeit

Wieder geht ein Jahr zur Neige,
Kerzenstrahlen überall.
Manches Herz sucht eine Bleibe
nach der Stimmung tiefem Fall.

Entzündet sich im Kerzenglimmer,
bei Kuchenherz und Nadelduft,
zarte Liebe – Hoffnungsschimmer,
und das neue Jahr schon ruft.

Halt sie fest, die neuen Tage!
Glück und Liebe in Herrlichkeit
sind ohne Zweifel, ohne Frage,
ein Geschenk zur Weihnachtszeit.

Norden

Du liebst das Wasser, Sonne, Wind und Berge –
die kleine Insel liegt im Meer –,
am Ende gibt es hier noch Zwerge,
den nordisch Troll,
der wie ein Wicht zu fragen scheint:
Du liebst wohl sehr
das Fischen in den tiefen Fjorden
und findest es noch toll?
Nur so im Boot zu liegen,
reicht dir nicht.
Du willst ihn haben,
den einen Großen?
Dann sei auch freundlich zu jedem Troll!

Mit weißer Haube

Mit weißer Haube sich ein Bäumchen tarnt,
man sich besinnt – und sich vereint –,
die Lichter zu entzünden
in warmer Stubenpracht.
Zimtsterne, Heimlichkeiten und Getue,
dann ist es nah,
das Fest der Ruhe,
wo man vor Freude weint.
Nur dieses Bäumchen weiß noch nichts, es hilft nicht,
dass es weint –,
steht da im Festkleid bunten Glanzes
und in der Nacht mit tausend Feuern,
mit Häusern voller Licht.
Wie brausende Ungeheuer
ein Lichtermeer in die Straßen
sich zu ergießen scheint.
Und mancher noch mit großer Freude
den grünen Baum besang –
so landete er am Ende doch im Feuer,
wenn das letzte Festlied
noch aus der Ferne klang.

Nebel

Wie leichte Wolken liegt darnieder
die Nebelwand im Tal.
Bevor uns strahlt die Sonne wieder,
siehst du die Hand vor Augen nicht einmal.

Du ahntest schon den nahen Tag,
noch feucht sind alle Wiesen.
Im Nebel jedes Echo starb,
tiefe Ruh konnt man genießen.

Und auch im Leben ist es oft,
dass viel im Nebel bleibt.
So mancher insgeheim erhofft
den Schutz der Dunkelheit.

Wie ruhig und sicher wär die Welt,
wenn alle Bäche klar und sichtbar fließen.
Auch wenn der Nebel manchem nicht gefällt,
kann er im Nebel seine Welt sich doch erschließen.

So schön der Nebel auch versteckt die Welt,
alles kommt früher oder später doch ans Licht.
Was man nicht sieht, die Menschen immer noch erschreckt,
deshalb gefällt der Nebel ihnen nicht.

Mensch ärgere dich nicht

Du solltest dich nicht ärgern,
hab es doch gar nicht erst vor.
Du solltest darüber lächeln,
es tragen mit Humor.

Erfreu dich der Rosenblüte,
sieh auch das Tausendschön.
Und vor Verdruss dich hüte,
wenn's draußen mal zu laut dröhnt.

Erleb die Welt in ihrer Farbenpracht,
auch Gras kann so schön blühen.
Sieh, was die Sonne aus dem Leben macht,
du kannst es sehr leicht fühlen.

Betracht die Welt in jedem Licht mit ihren Farben,
ob Trubel oder Einsamkeit du suchst.
Das schöne Leben hinterlässt auch manchmal Narben,
kein Mensch auf Dauer hat das Glück gebucht.

Es kann die Sonne nicht stets scheinen,
auch dir stirbt mal der Freude Licht.
Wirst auch das Liebste du beweinen,
das Ende dieser Welt ist es noch lange nicht.

Die Vase

Sie ist so wundervoll geschwungen –
aus Porzellan, Keramik oder Glas.
Schlank oder manchmal auch gedrungen,
und eine Rose steht im frischen Nass.

Sie gibt's in vielen bunten Farben und Kristallen,
und manchmal auch als Kostbarkeit.
Doch strahlen wird sie erst mit Blumen, die gefallen,
auch wenn sie sterben dann nach kurzer Zeit.

Es ist nicht diese Vase –
auch wenn sie noch so sehr gefällt.
Es ist die Blume in der Vase,
die uns das Glück ins Zimmer stellt.

Die Uhr

Für dich schlägt sie die erste Stunde,
wie auch die letzte in der schönen Welt.
Im Kinderwagen machst du manche Runde,
bis dich dein Mut auf eigne Füße stellt.

Und jeder Herzschlag ist ein Takt von deiner Zeit,
du willst die Welt erobern ohne Zaudern.
Du staunst und siehst, du kämpfst und liebst
und manchmal träumst du auch, du könntest richtig zaubern.

So manches Mal du denkst, die Zeit ist nicht zu halten,
wenn das Glück dir durch die Finger rinnt.
Die Uhr, sie tickt, man zählt bald zu den Alten,
auf schöne Zeiten man sich gern besinnt.

Die Zeit – das sagt dir jeder Atemzug,
ist nicht die Uhr dort an der Wand,
die Zeit – kein Mensch hat davon je genug,
deshalb ein Mensch die Uhr erfand.

Es ist die Uhr, die unsre Zeit einteilt,
der Erde zeigt, wie sie sich dreht.
Es ist die Uhr, die mit dir Leben teilt.
Und unsre Zeit verfliegt,
als wenn ein Windhauch sie verweht.

Lebensmotto

Das Leben ist kurz
und wertvoll dazu,
denn ich habe es nur ein Mal.
Darum will ich so leben,
dass es mir nicht leid ist,
über meine Vergangenheit
nachzudenken!

Geld

Charakter wird ganz schnell verdorben –
im Volksmund man so sagt –
durch Geld (in Müh und Schweiß erworben,
oder man hat's im Lotto mal gewagt).

Das Geld ist eine Macht und öffnet alle Türen,
du kannst hinaus gehn in die weite Welt.
Und mit viel Geld kannst du die Welt regieren
und Freunde finden, tun, was dir gefällt.

»Geld ist nicht alles«, sagen Reiche gerne,
doch ist es schön, wenn man es hat.
Du kaufst und kaufst – selbst Himmels leuchtend Sterne,
gekaufte Liebe nur hast du schnell satt.

Geld macht nicht glücklich, aber es beruhigt.
Es sichert dir das Essen und die Wohnung bleibt nicht kalt.
Wohl mancher hat sich für das Geld versündigt.
Doch ohne Geld wird man auch schneller alt.

Der Mensch, er hängt nun mal an Geld und Macht,
wenn er sie hat, wirst du ihn kennen lernen.
Wer für sein Seelenheil Geschenke macht,
wird sich von dem, der es entbehrt, entfernen.

Singles

Er ist allein, der Morgen graut.
Er macht sich unbehaglich frisch und schaut,
was mag der Tag mit ihm beginnen?
Für wen, warum und viel zu schnell
die Stunden ihm verrinnen.

Tag um Tag und Jahr um Jahr
fühlt er sich glücklich wie ein Kind.
Doch eines Tages ward ihm klar:
Die Seine war ihm fremd.

Sie wollte ihre eigne Welt,
vergaß den Mann und auch ihr Kind.
Es ging ihr nicht ums sichre Geld,
sie wollte wieder jung sein, lieben,
eh ihre Zeit verrinnt.

Doch ach, die Zeit macht ihre Spuren:
Sie sah, es würd nie mehr so schön.
Selbst wenn man tötet all die Uhren,
die Zeit bleibt niemals stehn.

Jetzt denkt mit Sehnsucht sie zurück
an frohe Zeit mit Mann und Kind.
Spürt nun die Einsamkeit, die Jahre,
die wie ihr Traum verschwunden sind.

Hoffnung

Und liegst du da für den Moment
im Traume noch gefangen,
der Tag schon deine Sehnsucht kennt,
die Welt der Macht, sie lässt dich bangen.

Schaust in den Spiegel du und denkst,
du sollst dich heut nicht grämen.
Und mutig in den Alltagstrubel deine Schritte lenkst,
dein Tatendrang ist nicht zu zähmen.

Willst du ins Rampenlicht der Welt,
stell dich der täglich Last in hoffnungsvoller Zuversicht.
Wenn du das Los der andern siehst,
geht es dabei so schlecht dir nicht.

Und denkst, der Sorgen gibt es nicht genug,
die Hoffnung stirbt für dich zuletzt.
Du kämpfst mit jedem Atemzug,
Gevatter Tod auch deinen letzten Traum zerfetzt.

Die schönste Zeit

Es ist und bleibt die schönste Zeit
wenn du in Kinderschuhe wächst.
Du kennst nur Unbekümmertheit
und bei Gefahr dich leicht verschätzt.

Du gehst in deiner Jugendzeit
schon ernster in die Abenteuerwelt.
Willst wissen, lernen, Zukunftsträume sind nicht weit,
und schließlich geht es auch ums Geld.

Ein Haus, ein Boot, ein Buch und einen Sohn,
den einen Baum willst du noch pflanzen.
Du liebst, vertraust und denkst dann schon,
wann wirst du wohl vor Freude über einen Enkel tanzen?

Unendlich lang scheint noch die Zeit,
und jeder Tag dir wie ein Krug,
den's auszufüllen gilt. Das Ruhedasein ist nicht weit,
erleben kannst du auch in kurzer Zeit genug.

Und bist am Ziel du glücklich angekommen,
kennst du das Abenteuer »Leben«.
Hast lieber stets gegeben denn genommen
und hoffst, dass deine Kinder dir noch Freude geben.

Du kannst jetzt jeden Sonnenstrahl genießen,
denkst an die Zeit, wo du ein Enkel warst.
Sahst manchen Frühling und die Blumen sprießen
und wartest auf die schöne Winterzeit.

Die U(h)rzeit

Die Uhr sagt dir: »Die Erde braucht
den einen Tag, um sich zu drehen.«
Die Zeit sagt dir, wie alt die Erde ist.

Die Uhr sagt dir: »Du musst zur Arbeit gehen«,
und sagt dir auch, wann Feierabend ist.

Die Uhr sagt dir, wie lange es noch dauert,
bis du heut deine Liebste triffst.

Die Zeit sagt dir, wie lange wird gemauert,
bis unser Haus dann fertig ist.

Zur Urzeit gab es Ungeheuer,
und Dinosaurier waren da.
In jener Urzeit lernten sie gebrauchen Feuer,
noch heute ist das Feuer für uns Menschen da.

Die Zeit nimmst du, willst du den Puls nur messen,
das Herz hält eine lange Zeit.

Die Uhr sagt dir, wann es gibt was zu essen
und eine innre Uhr sagt dir – es ist soweit.

Die Uhr sagt dir, wie weit es ist
zum Mond und zu den Sternen.
Die Uhr sagt dir, was du noch schaffen kannst.

Die Zeit sagt dir: »Du musst noch so viel lernen«,
und nur der Mensch weiß: Ohne Uhr kann er kaum leben.

Respekt

Willst das Leben du erfahren,
hab davor Respekt –
kannst alles lernen in den Jahren,
was bei dir Interesse weckt.

Machst die Welten dir zu Eigen,
hab davor Respekt –
solltest die Gefahren meiden,
ist die Gier nach Macht erst mal geweckt.

Hast du Reichtum dir geschaffen,
hab davor Respekt –
Neid und Gier sind schlimme Waffen,
Teufels Macht sich nach dir streckt.

Musst dem Tod auch einst begegnen,
hab vor ihm Respekt –
er wird dich gewiss nicht segnen,
denn das Ende ist und bleibt suspekt.

Der Mensch

Der Mensch ist mehr als nur ein kleines Licht
im Universum dieser Welt.
Schon immer wollt er mehr für sich
als es zu kaufen gibt für Geld.

Er strebt hinaus ins ferne All,
er fängt im Meer den letzten Wal,
er baut Computer, forscht und denkt,
es ist das Geld, das Fortschritt und Geschicke lenkt.

Doch mit dem Wissen, wie man macht das große Geld,
und um zu bleiben lang auf dieser Welt,
wächst Gier und auch die Macht,
droht die Welt zu versinken in ew'ge Nacht.

Es sind nicht nur die Mächtigen und Reichen,
denen diese Welt gehört.
Doch haben sie auch ohnegleichen,
die Macht der Mittel, die die Welt zerstört.

Das Buch

Ein jedes Buch hat seinen Zauber,
es bringt dich fort in eine andere Welt.
Es lehrt, es fasziniert, es lässt dich schaudern
und diese Reise kostet nicht viel Geld.

Egal, was in ihm steht – es ist erdacht und auch erlebt.
Das Buch, es hat gar große Macht.
Der Mensch schon immer nach mehr Wissen strebt,
hat manche Welt – durch es – zum Einsturz schon gebracht.

Das Buch, es zeigt die Vielfalt unseres Lebens
und was ein Mensch ertragen kann
an Hoffnung, Kraft und Liebe – manches auch vergebens.
Schon immer Zukunft man nach einem Buch ersann.

So manches Buch enthält ein großes Wissen
von allem, was für Menschen zählt,
vom Menschen selbst und menschlichem Gewissen,
damit das kostbar Leben lange nach uns hält.

Alles Leben

Alles Leben wird einst sterben,
alle Wetter ändern sich.
Wahres Glück kannst du erwerben
wenn du denkst nicht nur an dich.

Es ist überhaupt nicht wichtig
wann das Ende dich empfängt.
Nur das Licht weiß: Es war richtig,
kennt, was deine Schritte lenkt.

Willst du, dass man dein gedenke,
wenn vergangen deine Zeit?
Hinterlass der Welt Geschenke,
Liebe's Wege sind nicht weit.

Das Telefon

Manchmal dringt wohl mein Gedanke
wie durch Zauber in die Ferne.
Denk an dich und doch ich wanke,
deine Stimme höre ich so gerne.

Plötzlich schrillt's in meinem Zimmer,
schreckt mich hoch aus meinem Traum.
Und das Telefon wie immer
bringt mir deine Stimme in den Raum.

Fassungslos und voller Sehnsucht
es mir glücklich nun gelingt,
zu lauschen deinen zarten Worten.
Oh, wie deine Stimme klingt!

Das Telefon: kein Fluch, vielmehr ein Segen,
den Menschen Nutzen es gebracht.
Du bist mein Traum, der sehr verwegen,
mein Herz hat einen Purzelbaum gemacht.

Einst sagt ein Mann

Einst sagt ein Mann, ein Mächtiger,
es sei den Untertanen untersagt –
auch wenn sie klüger wären als er –,
dass man ihn hinterfragt.

Die Macht, meint er, sei ihm gegeben
zu herrschen über Land und Leut.
Doch wird er immer mehr erstreben,
denn Reichtum wurde nie bereut.

Doch ohne einen armen Mann
gäb es den Reichtum nicht.
Die Wahrheit wird gelebt und dann und wann
genügen auch die schönsten Worte nicht.

So kommt es denn seit alter Zeit,
Reichsein wird wohl bedacht.
Zwar Geld und Macht gibt Sicherheit,
die Armen aber ärmer macht.

Doch bleibt die Welt nicht, wie sie ist.
Ein jeder Mensch lernt stets dazu:
Dem Armen seine Galgenfrist,
der Reiche findet selten Ruh.

Lebenslauf

Unaufhaltsam und mit Macht,
läuft das Leben vor dir her.
Wie ein Zug, hast du gedacht,
doch das Leben kann noch mehr.

Stund um Stund rast dir dein Atem,
fühlst dich oft, als wärst du auf der Flucht.
In den Abgrund kannst du schnell geraten,
die Sicherheit jedoch hast du gesucht.

Erst warst du der Mann in Weiß für Jahre,
bestes Essen kochen war ein Muss!
Vor der Seefahrt deine Herkunft dich bewahrte,
damals gab es noch den Sozialismus.

Und grün war dann dein Kleid für viele Jahre,
du warst die Macht im Waffenrock.
Ob Panzer, Flak – es gab genug Gefahren,
Abenteuer sowieso – und auch so manchen Schock.

Als dann die Wahrheit wurde dir zur Qual,
den Aufstand konntest du nicht proben.
Hattest du denn eine andere Wahl?
Deines Postens warst du schnell enthoben.

Zu sehr warst du der Wahrheit Kampf verschrieben,
das Leben hat dich dies gelehrt.
Auf einmal war dir nichts geblieben,
auch deine Frau hat dich entbehrt.

Und wenn du denkst, es geht nicht weiter –
getragen hast du jetzt die blaue Uniform –,
du lernst doch viel und wirst gescheiter,
der Umgang mit den Menschen stärkt dich enorm.

Und Zeit verrinnt – du spürst den Rhythmus deines Herzens,
das Leben ist viel mehr als nur ein Traum.
Vergangenheit – das waren viele Schmerzen,
doch auf die Zukunft willst du gern vertraun.

Als Adam und Eva

Als Adam und Eva im Paradiese
den reifen Apfel sich teilten,
da wussten sie nicht, was es dereinst hieße,
dass auf Erden Milliarden Menschen weilten.

Sie speisten von der süßen Frucht
und liebten bald die Sünden.
Der Mann hat stets die Frau gesucht
um eine Zukunft zu gründen.

Doch reichte der Apfel ihm bald nicht mehr,
dem Menschen, dem gesunden.
Entdeckungslust plagte ihn darauf sehr,
das Feuer war gefunden.

Nun musste man nicht mehr hungern und frieren,
das Feuer loderte Tag und Nacht.
Was übrig blieb von den großen Tieren,
wurde dann als Reserve bewacht.

Doch mit dem Vorrat kam der Reichtum,
wer diesen hatte, besaß die Macht.
Eroberungen wurden zum Brauchtum,
ganz schnell wurde Beute gemacht.

Jetzt fragte sich die Menschheit dies:
Wozu wird sich geschunden?
Nicht nur der Apfel ist das Paradies,
leicht lebt sich's von dem, was gefunden!

Und bis zur Neuzeit wuchs Reichtum sehr,
manch einer hat mehr als genug.
Doch Hunger und Elend gibt's immer mehr,
und an die Macht kommt man gern mit Betrug.

Es leben heute die Schönen und Reichen,
mitnichten im Paradies.
Doch möchten sie gerne dorthin entweichen,
wo einst der Apfel Unglück verhieß.

Oh Himmel

»Oh Himmel, hilf!«, sagst du manchmal,
wenn die Not dir riesengroß scheint.
Und obwohl du ahnst die Macht nicht einmal,
hast du leise und plötzlich geweint.

Das tiefe Blau, die ferne Welt,
der Sonnenschein, die Wolkenpracht,
die Sterne leuchten am Himmelszelt –
das Lebensglück ist daraus gemacht.

Du lebst und liebst, du leidest und gehst
und immer ist der Himmel über dir.
Fühlst dich allein, in Einsamkeit flehst:
»Oh Himmel, gib Kraft auch mir!«

Und mit dem Glauben wächst deine Kraft,
die Hoffnung ist jetzt dein.
Solange es den Himmel gibt
wird er dein Beschützer sein.

Wasser

Unaufhaltsam geht hernieder
tosend, brausend, in die Tiefe,
Wasser, Wasser immer wieder,
als ob ein Zauberbrunnen fließt.

Kühl und klar fällt dieser Schleier,
an den Felsen Widerhall.
Orchestergleich – oh herrliche Feier! –
fließt der schöne Wasserfall.

Faszinierend seit Gedenken
diese Stetigkeit und Kraft.
Menschen ihr Geschick oft lenken
träumend von des Wassers Macht.

Und so ist es auch kein Wunder:
Menschen sind dem Wasser nah.
Wasser macht das Leben runder
und es war schon immer da.

Dein bester Freund

Dein bester Freund von alters her
ist mutig, tapfer, treu.
Er folgt dir ohne Widerspruch
und liebt dich ohne Scheu.

Eine gute Nase hat der Hund,
zu Hause wartet er schon.
Bissig ist er nie ohne Grund,
selbst wenn dir fehlt der gute Ton.

Ist weder tückisch noch voll Betrug,
kommt freundlich wedelnd zu dir hin.
Der Menschen Abgrund spürst du bei jedem Atemzug,
dein kleiner Freund jedoch kennt deinen Sinn.

So kommt es nicht von ungefähr,
dass die Liebe gilt den Tieren.
Ein jeder, der die Menschen kennt,
wünscht sich den Freund auf allen Vieren.

Diamant

Ein junger Baum lässt sich noch leicht verbiegen,
der Diamant muss erst geschliffen sein.
Im jungen Menschen muss erst der Charakter siegen,
und erst nach Jahren schmeckt er gut, der alte Wein.

Der Hund taugt erst, ist er gehorsam,
ein Kind muss lernen den Respekt.
Das Feld – der Garten Eden – will bestellt sein,
ist das Interesse erst dafür geweckt.

Doch kommt der Mensch dann in die Jahre,
ist es wie mit dem alten Baum.
Die Krone biegst du nicht mehr gerade,
und den Charakter des Menschen änderst du dann kaum.

Und mit dem Kind ist es wie mit den kleinen Welpen:
Es braucht immer eine gute Hand.
Lässt du's gewähren, ist's nicht selten,
dass es dann bleibt ein roher Diamant.

Hektik

Hektik, Stress in unserm Alltag
lässt die Zeit sehr schnell vergehn.
Bleibt uns noch genügend Kraft
auch Liebe zu verstehn?

Es gibt so viele schöne Dinge,
deren sich ein Herz erfreut.
Ob nun Blumen oder Tiere,
ob nun Wald, ob Sonnenlicht,
alles will der Mensch besitzen,
was es gibt, das nimmt er sich.

Er entdeckt das Atom und Aids,
er zerstört die Ozonschicht und stets
meint er besser leben zu müssen,
kann sich nicht enthalten den Genüssen.

Und am Ende alles nur Zerstörung pur,
auf der Strecke bleiben das Herz und die Natur.

Schatten

Es ist nicht mehr ein Schatten nur,
der sich dort zeigt am Horizont.
Die »schwarze Wolke«, die kommt stur,
und droht sie schon auf breiter Front.

Sie kommt als Sonnenstrahlen pur,
bald steht im Feld der rote Hahn.
Sie kommt als Aids, als Krebs nicht nur,
nein, auch als Hunger und Größenwahn.

Noch naht kein Ende unserer Welt,
doch ist's schon lange an der Zeit.
Sehr doch, nicht alles geht für Geld!
Ein Leben in Dunkelheit ist nicht weit …

Soldat sein

Soldat zu sein ist gar nicht schlecht,
man stets ihm sagt, was gut, was recht.
Er kann ein Mann sein und mit Waffen spielen,
und manchmal auch auf Menschen zielen.

Er fährt auf Schiffen, Panzern und kann fliegen,
zu lernen ständig ist ein Muss.
Er denkt daran im Kampf zu siegen,
nicht, dass ihn treffen kann ein Schuss.

Ein Soldat – bis hin zum General –
muss viel Gehorsam üben.
Ihm klar muss der Befehl stets sein,
sonst fischt er schnell im Trüben.

Kriege sind so alt wie die Menschheit.
Die Gier – sie macht vor keiner Beute halt.
Kriege gab es zu jeder Zeit.
Macht und Gier machen jedes Herz kalt.

Der große Freund

Der Weltpolizist rüstet,
will Beschützer sein.
Beim Feind er sich brüstet,
selbst wenn der noch klein.

Und beschafft sich Waffen, tödlich und mächtig,
sagt: »Welt in Gefahr!«
Mit Terror und Krieg aber ist er geschäftig,
wer ihm glaubt, ist wohl einfach ein Narr.

Sie waren die Ersten, die die Bombe warfen,
unmissverständlich demonstrieren sie Macht.
Versuchten Vietnam, Kuba und manchen Ölhafen
und haben dabei nur an den Rest der Welt gedacht?

Und stellen sich gar Fragen –
Beschützt uns der Terror des mächtigsten Landes der Welt? –
so lässt er keinen Zweifel, ein Freund muss was wagen
und ist, wer sich hinter die Kriegspläne stellt.

Schon immer hatte man gern den großen Bruder zum Freund,
der da hielt seine Hand über die Schwachen.
Doch hast du deinen eigenen Traum geträumt
musstest du deine Erfahrung stets auch selber machen.

Am Bahnsteig steht in Blau ein Mann

Am Bahnsteig steht in Blau ein Mann
und fragt sich, was der Tag noch bringt.
Die Menschen eilen ohne Rast,
als nähmen sie den letzten Zug.
Wer alles Koffer, Taschen, Kind
auf seinen Schultern trug
und auch noch denkt, er hätte fast
den Zug,
der strahlend weiß und elend lang,
um Haaresbreite noch verpasst!

Und wie von unsichtbarer Kraft
verschlingt der Zug die Menschenwand,
die eben noch ganz aufgeregt
am langen Bahnsteig stand.
In seinem Innern brodelt es,
und jeder Gast, der sucht indes,
wo ist ein Platz, der ihm gefällt.
Und hat er ihn gefunden,
sogleich er sich die Frage stellt,
ob dieser Zug sich auch
an seinen Fahrplan hält.

Der Mann in Blau, den jedes Kind für einen Schaffner hält,
der freundlich lächelnd jeden Gast begrüßt und sagt
»Darf ich nur mal den Fahrschein sehn?« –,
mit prüfend' Blick und noch im Gehn
sieht er IHN hochbetagt.
Und seine innre Stimme fragt:
»Was hat der Mann nicht alles schon gesehn,
dass er sich auf diese Reise wagt?«
Ganz weiß das Haar und zitternd seine Hand,
die wie ein Blatt im Winde weht.

Und unaufhaltsam rinnt die Zeit,
und mancher Mann – wie manches Kind
und manche Frau – sich noch besinnt
in hoffnungsvoller Zuversicht
und von der Reise viel verspricht.
»Und«, denkt der alte Mann,
»wie geht es wohl dem Enkelkind?«
Dem Wunsche folgend, es zu sehn,
musst er noch mal auf diese Reise gehn.

Im weißen Zug mit den vielen Menschen an Bord
hat jeder seinen Traum.
Die Sehnsucht trieb so manchen von zu Hause fort.
Und nun viel Hoffnung und auch Liebe auf engstem Raum.
Der Mann mit seinem weißen Haar –
der Enkel in Gedanken schon in seinen Armen war –,
er schließt die Augen, findet Ruh.
Sein Herz ist still …
»Ob ich wohl meine letzte Reise tu?«

Das Ziel ist erreicht, die Menschen strömen hinaus.
Und lächelnd steht ein Mann am Zug.
Er sieht sie schleppen, hasten und eilen,
er sieht sie sich treffen und auch verweilen.
Er denkt: »Finden die Menschen je ihre Ruh?«
Der Mann in Blau sieht dem wirklichen Leben zu!

Traum oder Albtraum

Und schreckt empor, es war zum Glück ein Traum,
aus dem der Mann in Blau erwachte.
Du liebe Zeit, du bist zurück, denkt er, und noch im Raum,
wo er die kurze Zeit im Bett verbrachte.

Verpasst den Zug, der elend lang,
egal, wie schnell er auch gerannt.
Das Herz sich überschlug und ihm ward bang,
Gesichter schienen ihm bekannt.

Es war ein Murren und Gezeter
und mancher Gast in Wut entflammt.
Der Mann in Blau verfluchte alle Wetter
und schweißgebadet Schamesröte er empfand.

Es ist noch Nacht, doch war er froh, als er erwachte,
er spürte noch der Menge Zorn.
Es war so viel, woran er spät noch dachte,
und nun war dieser Traum ihm wie ein Dorn.

Doch als er in den Spiegel schaute,
dacht er: Ich muss mich heut nicht grämen.
Ich komm wie immer pünktlich an
und trag ein Lächeln vor mir her.
Für einen Traum brauch ich mich nicht zu schämen.

Der Zug des Lebens rollt

Der Zug des Lebens rollt und rollt,
der Mann in Blau ist schon an Bord.
Respekt mancher dem weißen Drachen zollt,
und wieder geht's von Ort zu Ort.

Wie in der Liebe – sehnsüchtig, erwartungsvoll,
kribbelt's in Herz und Magen.
Manche Gäste finden gar nichts mehr toll,
möchten sich einfach nur mal beklagen.

Und finden weder Freude am Leben
noch gehen sie gern auf die Reise.
Es scheint fast unmöglich, dass sie ein Lächeln uns geben
und am liebsten maulen sie über die Preise.

Und trotz allen Unmuts, sie sind unser Gast,
wollen nicht nur von A nach B.
Versuch's zu verstehen und nimm ihre Last
nicht zu persönlich, sonst tut es dir weh.

Der Mann in Blau wird sich nicht streiten,
behandelt jede Seele ganz sacht.
Wir können uns allen nur eine Freude bereiten,
wenn du nicht missbrauchst deine Macht.

Und willst du bestehen und stolz sein in Blau,
trag deine Freude vor dir her.
Ob er willkommen, merkt ein Gast ganz genau,
und der Zug wird rollen mehr und mehr.

Die Nacht

Die Nacht war kurz, der Morgen kalt,
der Mann in Blau mit seinen Gefährten bald
am langen weißen Zuge stand.

Und da kamen sie schon und eilten heran,
die Menschen mit ihren Träumen und dem Reiseplan.
»Moin Moin«, die einen und auch irgendwann
ein »Grüß Gott« jemandem von den Lippen kam.

Einer wie der andere ganz aufgeregt:
»Kommt dieser Zug auch pünktlich an?«
Der Mann in Blau die Schulter hebt:
»Wir wollen sehn, dass alles geht nach Plan.«

Es sind nur Sekunden, Signal steht auf »Fahrt«.
Der Mann in Blau steht am Zug, kurz er verweilt.
Den einen Mann wird er noch gewahr,
der mit auf die Reise will, so wie er eilt.

Der Fremde steigt ein und atmet schwer,
diese Eile tat wirklich Not.
Zwei Schritte nur, der Mann in Blau sieht ihm hinterher,
der Mann fällt plötzlich um und ist tot.

Und trotz aller Mühen es nicht gelang
den Mann zurückzuholen in die Welt.
Die Zeit blieb nicht stehen und das machte bang,
seine Seele war entflohn Richtung Himmelszelt.

»Meine Damen und Herren, es tut uns sehr Leid
sie darum zu bitten, jetzt wieder zu gehen.
Der Zug fällt aus, wir sind nicht bereit,
sie können nur einen anderen Zug jetzt nehmen.«

Der Mann in Blau ließ den Zug nun räumen,
mancher Gast seinen Zorn nicht verbarg.
»Wer zahlt uns jetzt, was wir versäumen?«
Und niemand hier, der über den Toten klagt.

Die Sonne geht auf, als wär nichts geschehn
und die Menschen eilen dahin.
Sie eilen, um ihren Pflichten nachzugehn
und mancher fragt sich:
»Wo bringt der Zug des Lebens mich heute hin?«

Als er sich erhebt

Als er sich erhebt – von lauschiger Stätte –,
ist es noch lange nicht Tag.
Der Mann in Blau lächelnd zur Arbeit strebt,
weiß, was er am liebsten mag.

Und diese Kraft treibt zu mancher Stunde
ihn frohen Mutes an seinen Zug,
begrüßend und begleitend die große Runde.
Von manchen Abenteuern bekommt man nie genug.

Es sind die Abenteuer der weiten Welt,
die da kommen mit dem Menschenmeer.
Wer glaubt, alles dreht sich um Macht oder Geld,
der läuft bloß der Zeit hinterher.

Und um zu tragen des Alltags Last
wird der Mann in Blau wieder denken,
dass es sei eine große Freude ihm fast,
dem Teufel »Unmut« ein Lächeln zu schenken.

Guten Tag, Herr Schaffner

Herr Schaffner, bist du der Kontrolleur?
Meine Fahrkarte will ich dir zeigen.
Mein Baby-Bruder hier schreit immer sehr,
Mama, darf ich ihm das Baby mal zeigen?

Herr Schaffner, wenn du jetzt hier bist,
wer fährt dann den Zug?
Kuck mal, Herr Schaffner,
zum Spielen habe ich auch genug.

Auch kann ich schon richtig malen,
und kenne schon soo viele Zahlen:
eins, zwei, sieben und vier
So viele sind wir zu Hause, mit Papa und mir.

Herr Schaffner, ich möchte dir was schenken,
kuck mal, das habe ich für dich gemalt.
Ich will auch mal so einen Zug lenken!
Mama, hast du den Fahrschein für mich bezahlt?

Unaufhaltsam

Unaufhaltsam wie der Wind,
dem Drachen gleich zieht der Zug dahin.
Er bringt rasch jedes Menschenkind
zu seinen Träumen –
und mancher wünscht sich nur woanders hin.

Nicht nur die Sehnsucht nach der Ferne zieht
uns zu jeder neuen Fahrt.
Oft ist's die große Welt, in die man flieht
oder man bricht auf zu einer großen Tat.

Der Mann in Blau möchte gern hier bleiben,
er sieht, wie mancher so durchs Leben eilt.
Es sind Träume und Pflichten, die diese Menschen hierher treiben,
kaum einer, der länger als einen kurzen Moment verweilt.

Des Menschen Traum ist von alters her
zu finden seiner Träume Welt.
Bei jeder Reise lernt er mehr und mehr
und oft findet er, was ihm im Herzen fehlt.

Herr Schaffner

Herr Schaffner, hast du einen Schwarzfahrerschein?
Ich fahr mit der Mama, bin nicht mehr ganz klein.
Ich will zu Oma und Opa nach Frankfurt am Main
und Opa geht mit mir angeln –
aber die Fische sind immer noch klein.

Mama fährt heute mit mir ICE,
ich fahre so gern mit dem Zug.
Später mal will ich auch Schaffner sein,
doch ich weiß noch nicht viel genug.

Herr Schaffner, darf ich auch mal die Zange tragen?
Ich habe auch einen Mitfahrerschein.
Darf ich die andern auch mal nach der Fahrkarte fragen?
Siehst du Mama –
ich bin überhaupt nicht mehr klein.

Ein Ball ins Tor

Einen Ball ins Tor – einen Zug ins Ziel.
In Hoffnung, Träumen, Zuversicht –
der Unterschiede gibt's nicht viel,
enttäuscht zu werden mag man nicht.

Es geht so viel um diesen Ball,
es ist ein Spiel mit Spannung pur.
In Spanien, Frankreich, überall,
soll er ins Tor doch nur.

Ins Ziel der Ball wird nur gelangen,
wenn jeder Spieler kämpft und denkt.
Da sind die Gegenspieler, die auch bangen,
die Stimmung in den Rängen zu einem Tor sie drängt.

Und am langen weißen Zuge ist es von ähnlicher Natur,
der Zug käm nicht pünktlich an sein Ziel
ohne Freude, Zuverlässigkeit und Willensstärke pur.
Gäste erwarten überall und gern ein gutes Spiel.

Die Dampflok

Was wird aus ihr, dem eisern Ungeheuer,
das schnaufend pfeift und dampft?
Dem Mann in Blau ist's nicht geheuer,
hatte mit ihr so manchen Kampf.

Er weiß, die Lok kommt in die Jahre,
sie hatte ihre Zeit bei Sonne, Eis und Schnee.
Er denkt: »Der Himmel sie bewahre,
wenn ich jetzt auf eine E-Lok geh.«

Es ist die Liebe zum alten Ungeheuer,
das treu und brav die Zeiten überstand.
Dem Mann in Blau ist's lieb und teuer,
mit ihm er viele Grenzen überwand.

Die Lok schnaufte bei allen Wettern zum Ziele,
hat dem Mann in Blau stets die Miene erhellt.
Der Menschenkinder waren's so viele,
die sie gemeinsam brachten hinaus in die weite Welt.

Nun dampft sie nur noch an Sonnentagen.
Mancher Fan um ein schönes Foto rennt.
Erinnerungen einige mit sich tragen
an die Zeit, die die alte Dampflok noch kennt.

Und ich mich erhob

Und ich mich erhob – wie jeden Tag – von lauschiger Stätte,
als mich noch kein Sonnenstrahl hat begrüßt.
Die Uhr – mit ihr lauf ich wohl immer um die Wette,
doch manche Stunde hat die Zeit das Leben mir versüßt.

Ich steh dann schon an meinem Zug,
wenn der erste Sonnenstrahl den Tag begrüßt.
Von den Reisen in die Welt hab ich nie genug,
wie von einer Liebsten, die mich immer wieder küsst.

Und schenkt die Zeit mir manche Freuden,
trag ich die Stunden nicht wie eine Last.
Keinen Tag und keine Stunde will ich vergeuden,
bin stets zufrieden, denn ich habe nichts verpasst.

Verspätung

Es ist noch Nacht –
der Mann in Blau ist auf dem Weg.
Und Stunden noch bevor der neue Tag erwacht,
der halbe Mond leuchtend die Runde dreht.

Am Zug ist er der erste Mann,
bevor es auf die Reise geht.
Verschlafen kommen sie dann an,
ein Meer von Menschen sachte Richtung Arbeit strebt.

Sind voller Hoffnung auf den Tag,
zum Teil verschlafen und verträumt.
Dann diese Stimme über Telefon – die jetzt gar niemand mag:
»Es tut uns Leid, der nächste Anschluss wird versäumt.«

Warum nur kann der Zug nicht warten?
Er ist so voll und plötzlich sind sie alle wach.
Da will man optimistisch in den Tag jetzt starten
und plötzlich ist man spät in Weh und Ach.

Und wieder heißt's Geduld und Demut üben,
so pünktlich wie die Bahn ist man auch mit dem Auto nicht.
Es wär oft besser, wäre man im Bett geblieben,
doch dann erlebt man Abenteuer nicht.

Fern- und Heimweh

So gern man auf die Reise geht
in eine andre Welt,
egal ob Wind das Segel bläht
oder man schläft im Zelt.

Nur um zu sorgen für täglich Brot
verlässt du stets dein Haus.
Vielleicht bist du mal krank und musst für eine Weile fort,
manchmal gehst du auch so nur raus.

Und jedes Mal ein Abschied ist's
für kurz oder für lang.
Es ist die Achtung vor der Ferne,
doch Fremde macht auch bang.

Die Sehnsucht groß – vor jeder Reise.
Was wirst du alles noch erleben?
Ein Leben macht oft große Kreise,
Erfahrung willst du der Welt weitergeben.

Abschied in Freude? Traurigkeit?
Manchmal mit feuchtem Blick!
Daheim lockt die Gemeinsamkeit
und gern kommst du zurück.

In einer Bucht

Einsam liegt in einer Bucht,
ein kleines Boot und es versucht
dem Wellenspiel – mal groß – mal klein,
es will nicht gern ein Opfer sein.
Der Brandung muss es widerstehn,
und auch die Welt da draußen auf dem Meer –
das will es sehn.

Bin ich auch wie ein Boot in dieser Bucht,
ich fühle es in mir und oft mit voller Wucht,
wenn täglich geh ich in die Welt,
muss ich wohl tun,
nur um zu haben dieses Geld.

Muss wehren mich unendlich Wellen, Arg und List,
würd ich nicht nehmen vieles, wie es ist,
nur mit unendlich Liebe und Geduld
fang ich den Fisch und mach mich frei
von jeder Schuld.

Ich möchte gern das Opfer sein,
wenn ich da könnt mit dir allein
hinausgehn in die weite Welt,
reicht mir die Liebe – ich braucht kein Geld.

Geschichten mit dem Mann in Blau

Der ICE von Basel nach Hamburg
Übervoll, aber planmäßig unterwegs

Die Leute in Blau sind seit Stunden unterwegs, genauer seit mehr als acht Stunden, denn der Dienst begann kurz nach Mitternacht. Es ist also die Heimfahrt, und die Kontrolle der Fahrscheine geht in die Endrunde. Noch zwei Stunden, dann haben wir es geschafft, denkt der Mann in Blau, und da gibt es nur noch ein ganz kleines Problem. Ein junges Ehepaar kommt aus dem Urlaub, aus der Schweiz. Zwei kleine Buben sitzen mit am Tisch und spielen selbstbewusst mit ihren Gameboys.

»Die Fahrkarten bitte!« – »Tut mir Leid, aber Ihr Fahrschein ist zuggebunden und leider nicht für diesen Zug gültig«, sagt der Mann in Blau.

»Wir haben eine Reservierung für diesen Zug, und bilden Sie sich nicht ein, dass wir umsteigen.« Er zeigt eine Reservierung für zwei Personen für diesen ICE zum Preis von fünf Euro.

»Für fünf Euro kommen Sie nicht von Basel nach Hamburg ... Vier Wochen vor Antritt der Fahrt gekauft?«

»Wenn Ihr bescheuertes Unternehmen nicht imstande ist, mir einen vernünftigen Fahrschein zu verkaufen, dann fahre ich eben mit diesem Zug.«

»Ja, verstehe«, sagt der Mann in Blau, »Ihren Urlaubseffekt möchte ich auch nicht zerstören. Der IC, zu dem Ihr Fahrschein seine Gültigkeit hat, der fährt eine halbe Stunde später. Ich lade Sie und Ihre Familie ein, zum Nulltarif bis Frankfurt am Main. Dort haben sie fünfunddreißig Minuten Zeit zum Umstieg und um ihren Zug wieder zu erreichen. Ist das ein Angebot?«

»Was bilden Sie sich ein!«, sagt der Gast sehr wütend. »Ich will sofort Ihren Namen. Wir werden uns über sie beschweren.«

»Okay«, sagt der Mann in Blau, »meinen Namen trage ich ja an der Brust, gern gebe ich ihnen auch eine Karte. Aber ...«, er macht eine Pause, »... ich werde Ihrem Jungen jetzt mal eine Abenteuergeschichte liefern, in der Sie die Hauptrolle spielen. Ich gehe nur die Polizei holen, um Ihre Personalien feststellen zu lassen. Die Rechnung schicken wir Ihnen dann gerne zu. Einen schönen Tag noch.«

Bevor der Mann in Blau sich abwendet, zieht der zweifache Vater seine Kreditkarte.

Reise mit der Bahn, und du lernst die Menschen kennen

Wie so oft, der Zug ist voll, und die Reisenden haben nur ein Ziel: nach Hause ... Die Anstrengungen des Tages im Gesicht leicht zu erkennen, sucht der Großteil der Gäste sich einen Platz, an dem er die Augen für den Moment schließen kann. Gut beraten sind all jene, die eine Reservierung haben. Keine fünf Minuten nach der Abfahrt kommen zwei junge Frauen zum Mann in Blau, und ganz aufgeregt erbitten sie Hilfe.

»Herr Schaffner, wir haben reserviert und unsere Plätze sind besetzt.«

An jenem Tag waren die Plätze alle besetzt. Auf den von den jungen Frauen gebuchten Plätzen saß ein älteres Ehepaar. Hager und hoch aufgewachsen, aber einen Schneid, der einem nicht so oft begegnet. Auf die Frage »Bitte darf ich ihren Fahrschein und die Reservierung sehen« griffen beide sofort und unvermittelt an, dass man den Eindruck bekam, man wolle dieses arme und hilflose Pärchen ausrauben. Die Schimpfworte und der kalte Ton sind besser nicht beschrieben. Der Mann in Blau meinte darauf: »Hier haben wir es sehr schwer, es diesen Leuten recht zu machen. Die sind es gewohnt, sich alles zu nehmen. Darf ich Ihnen einen Platz in der ersten Klasse anbieten?«

Die Mädchen freute es, obwohl es nur für eine kurze Reise war. Der Mann in Blau half noch beim Koffertragen, und noch im Gehen rief der Grimmbart, der den Platz besetzt hielt: »Kommen Sie sofort zurück!«

Missachtung seiner Person verletzte ihn, denn alle Mitreisenden hatten für sein Verhalten kein Verständnis. Und dies sagten sie auch unverhohlen.

Wie heißt es noch: »Fahre nicht Hochrad, wenn du nicht kannst, – kommst um die Kurve, fällst auf den Wanst!« ... Geschichten, die der Mann in Blau auf seiner Fahrt erlebt.

Guten Abend, meine Damen und Herren ...,

wir begrüßen Sie im ICE nach Stuttgart. Unser Zug hat auf Anschlussreisende gewartet und deshalb mit sieben Minuten Verspätung den Bahnhof verlassen. Wir bitten Sie um Verständnis. Wir sind bemüht, Ihre weiteren Anschlüsse zu sichern.

Der Mann in Blau beendete seine Ansage und begibt sich in sein Revier, um Fahrscheine zu kontrollieren. Im Bordrestaurant ist es voll, beinahe überfüllt. Viele Fahrgäste wollen einfach ein Feierabendbier trinken. Der Mann in Blau kommt in den Raum, und ein Herr, in unmittelbarer Nähe sitzend (wenn man so etwas sitzend nennen kann, da er gut zwei Plätze in Anspruch nimmt), beginnt sofort sehr laut und unbeherrscht zu schimpfen. Dieser Mann mit seinen gut drei Zentnern Gewicht verschafft sich Gehör im ganzen Restaurant, denn es ist augenblicklich mäuschenstill.

»Eine große Sauerei, diese Scheiß-Bahn, ich habe ein Jahresticket und bekomme bestimmt meinen Anschluss nicht. Nur weil wir auf ein paar Idioten warten mussten.«

»Nun«, sagt der Mann in Blau, als der Dicke Luft holt, »kriegen Sie sich ein, sonst bekommen Sie einen Herzinfarkt, und wer von uns soll Sie dann Mund zu Mund beatmen?«

Der Herr war daraufhin sprachlos.

Und der Schaffner sagt: »Das wäre Ihnen ja wohl nicht mehr so sympathisch, oder?«

»Nein«, sagt der Dicke.

Der Mann in Blau nahm unvermittelt sein Handy und rief die Zentrale an.

»Bitte, wir brauchen unbedingt für einen Herrn einen Anschluss, sonst verlieren wir noch unseren guten Ruf.«

»Du spinnst doch!«, sagt der Mann von der Transportleitung. »Du kommst doch nach Plan an und alle Züge werden erreicht.«

»Danke.«

Der Dicke war begeistert, gab dem Mann in Blau die Hand und die Welt war wieder in Ordnung.

Wie man in den Wald hineinruft,
so schallt es auch wieder heraus

Im Grunde ist es ganz egal, wo und mit wem man es zu tun hat. Die Kunst, seine Mitmenschen bei den ersten Begegnungen, also beim ersten Blick zu beeinflussen, um einen Wunsch erfüllt zu bekommen, lernt schon ein Kind im zartesten Alter und spätestens im Vorschulalter meisterlich beherrschen – sollte man meinen. Wenn ein Kleinkind nicht bekommt, was es will, schreit es. Die Erziehung greift oder auch nicht.

Ein Hund kommt bei Fuß oder auch nicht. Vielleicht wurde er nicht konsequent ausgebildet? Nun, wir in unserer Erwachsenenwelt haben unsere eigenen Methoden entwickelt, wenn wir einen Wunsch haben. Da heißt es: »Bitte, ich habe eine Frage!« – »Ja bitte, was kann ich für Sie tun?«

Häufiger schon: »Können Sie mir helfen?« – »Aber gerne doch.«

Seltener schon: »Wo ist mein Platz?«

Bei der Bahn gibt es schon ganz spezielle Umgangsformen. Am Bahnsteig und auf die Fahrgäste wartend, steht der Schaffner in der Regel mit einem freundlichen Lächeln.

»Grüßen«, das haben in den meisten Fällen die Erwachsenen verlernt. In einigen, zum Glück nicht so häufigen Fällen ist dem ankommenden Kunden aber nicht zum Lächeln. Hektik und Stress vergröbern seine Umgangsformen.

So fragt einer ohne Gruß: »Berlin?«

Der Schaffner sagt: »Nein, Hamburg.«

Hätte der Reisende gefragt, und vielleicht im richtigen Ton, wie er denn sofort nach Berlin käme – dann hätte er erfahren können, mit diesem Zug bis Hannover, umsteigen, mit direktem Anschluss dann nach Berlin. So viel Zeit hatte der Reisende nicht, drehte auf dem Absatz um und rannte zum nächsten Bahnsteig. Sein Zug fuhr ohne ihn ab mit der Nachhaltigkeit einer bitteren Erfahrung.

Im Zug dann, wenige Augenblicke später

Fahrscheinkontrolle. »Ich muss einen kaufen!« In dieser hektischen Zeit nimmt jemand, der gern wichtig ist, es doch nicht auf sich, in der Schlange am Schalter zu stehen, um einen Fahrschein zu kaufen. Der Mann in Blau, wie eine Bedrohung für manchen Gast, schaut.

Und fragt: »Wohin bitte? Einfach oder mit Rückfahrt?«

»Bei diesen Preisen ist es doch kein Wunder, da fahre ich doch lieber mit dem Auto«, sagt der Gast. »Und pünktlich ist die Bahn doch auch nie ...«

»Ja, hilft alles nichts, Sie brauchen aber einen Fahrschein«, sagt der Mann in Blau.

»Das ist die Höhe, erst funktioniert der Fahrscheinautomat nicht, eine ewig lange Schlange am Schalter, und nun soll ich auch noch den Zug-Aufpreis bezahlen. Ich will sofort Ihren Namen.«

Eine Kunst und eine Herausforderung für jeden Schaffner, diesem Reisenden ein Lächeln zu entlocken. Eine junge Schaffnerin antwortete mal, als ein Reisender zornig rief »Ich will Ihren Namen.« – »Geht nicht, bin schon verheiratet.«

Mit einem Lächeln kann man manchmal auch richtig gut fahren.

Abenteuer Zugfahren

»Den Fahrschein bitte«, sagt der Mann in Blau. Eine Dame mittleren Alters entrüstet sich: »Also, dass will ich Ihnen sagen. Die Bahn sollte sich mal etwas einfallen lassen, mit ihren Automaten. Mir ist es schon mehrmals passiert, dass die Dinger nicht funktionieren.«

Sofort allgemeine Zustimmung bei den in der Nähe sitzenden Reisenden.

»Tut mir sehr Leid«, sagt der Mann in Blau. »Sie brauchen einen Fahrschein. Noch dazu, weil Sie in Kassel-Wilhelmshöhe umsteigen müssen.«

»Wie denken Sie sich das«, entrüstet sich die Frau. »Ich habe den Fahrschein über eine Hotline bestellt, und auch schon bezahlt mit meiner Kreditkarte.«

»Ja, doch leider höre ich mehrmals am Tag, dass der Automat defekt ist«, sagt der Mann in Blau.

»Für nicht abgeholte Fahrkarten muss ich Ihnen eine Nachlösung ausfertigen. Das kann dann an jedem Fahrkartenschalter dagegen abgerechnet werden.«

»Also, nun lassen Sie mal die Kirche im Dorf«, sagt ein etwas ergrauter Herr. »Ich bin wissenschaftlicher Berater und muss Ihnen sagen, die Automaten sind echt eine Herausforderung.«

»Ich mache Ihnen einen Vorschlag«, sagt der Mann in Blau. »Da ich denselben Zug ab Kassel-Wilhelmshöhe weiter begleite, mit dem auch Sie fahren wollen, haben wir beide ein paar Minuten Zeit. Da wir ja nur Ihre Kontrollnummer eingeben müssen, haben wir in kurzer Zeit Ihren Fahrschein, und wir können uns eine Nacherhebung und Zusatzkosten sparen.«

Gesagt, getan. Der Mann in Blau übergab seinen Zug an Kollegen, die schon am Bahnsteig warteten. Da stand auch schon die Dame und gemeinsam gingen sie zum Automaten.

Fahrscheinart-Nummer und fertig.

»Sehen Sie«, sagt der Mann in Blau, »das waren doch nur Sekunden.«

Fassungslos schaut die Frau ihn an und sagt: »Ich habe die Nummer dort auf dem Zahlenfeld eingegeben, wo man die Kreditkarte bestätigt. Dann kann das ja auch nicht funktionieren.«

»Macht ja nichts«, sagt der Mann in Blau. »Dieses Problem kennen wir ja, und schimpfen über den Automaten ist letztlich eine verständliche Schutzbehauptung. Das haben wir ja ganz gut geregelt.«

Dankbar und lächelnd ging die Dame an den Bahnsteig. Im nächsten Zug trafen sie und der Mann in Blau wieder zusammen. Sie war dankbar, dass sie sich nicht wieder rechtfertigen musste, und wird sicher das nächste Mal eine andere Meinung vom Automaten für Fahrscheine haben.

»Solange das Sterben im Gange ist, ist man sich des Lebens nicht sicher.«

Man kann sich gut vorstellen, wer alles Zug fahren will, wer alles fährt, und auf welchen Fahrgast wir gerne verzichten. In den Zug einsteigen kann zuerst mal jedermann. Egal, ob er einen Fahrschein hat, ob er einen kaufen will, oder ob er durch Erschleichung von Leistungen sich auf die nächste Toilette zu retten versucht. In seltenen Ausnahmen kommt es natürlich auch zu Gewaltandrohung und noch seltener auch zur Gewalt.

Der Mann in Blau, dem seine Aufgabe gefällt, ist auf dem Zug nicht nur der Manager aller Probleme, sondern er ist für Pünktlichkeit, Sicherheit und nicht zuletzt für die Sicherung der Einnahmen zuständig.

Kaum eine Zugfahrt, bei der es einfach nichts zu erleben gäbe. Stell dir vor, du ziehst einen Vorhang zum Abteil zur Seite und schaust in die Mündung einer Pistole. Dann heißt es: Reagiere richtig! Stell dir vor, du bemerkst Schmuggler im Zug mit ihrer Schmuggelware. Reagiere richtig! Stell dir vor, dein Kollege fühlt sich bedroht oder schafft es nicht, das Geld zu kassieren. Handle richtig! Stell dir vor, du bist bei voller Fahrt unterwegs, und es fällt jemand um ... oder ist schon tot. Reagiere! Stell dir vor, der Zug brennt plötzlich. Reagiere sofort und richtig!

Es gibt also keine problematische Situation, die nicht auch schon in einem Zug passiert ist oder passieren kann. Nur mit Gelassenheit, hoher Motivation und Freude an der Arbeit und im Umgang mit den Menschen ist diese Arbeit zu schaffen. Manchmal ist sie beinahe zu vergleichen mit der Arbeit einer Krankenschwester. Man muss es nur mögen.

Es heißt: Hochmut kommt vor dem Fall

Der Mann in Blau steht am Frankfurter Bahnhof am Bahnsteig und empfängt seine Fahrgäste am Zug. Es ist kurz nach 21 Uhr und der Zug in Richtung Köln ist fahrbereit. Noch etwa fünf Minuten bis zur Abfahrt. Drei Herren in Nadelstreifen schauen kurz zur Seite, als der Mann in Blau sie freundlich begrüßt. Sie streben Richtung erster Klasse und machen den Eindruck, als dürfe sie niemand ansprechen. Nun, so etwas passiert ja öfter, dass ein Gruß nicht erwidert wird, aber in diesem Falle sollte es sich rächen.

Pfiff zur Abfahrt. »Herzlich Willkommen im ICE nach Köln, wir wünschen eine angenehme Reise!«

Der Mann in Blau hatte seine Begrüßungsrede kaum beendet, da kam einer der Herren wütend angestürmt. Offensichtlich aus der Dreiergruppe, die am Bahnsteig hochnäsig vorbeidefilierte.

»Das ist eine Unverschämtheit, warum sagt uns keiner vor der Abfahrt, dass der Zug nach Köln fährt. Wir wollen nach Aschaffenburg. Und nun sitzen wir hier im falschen Zug, falsche Richtung.«

»Nun«, sagte der Zug-Chef, »wer lesen kann, ist klar im Vorteil. Wenn Sie mich auf dem Bahnsteig da draußen bemerkt hätten, dann hätte ich Sie gerne darauf aufmerksam gemacht, wohin wir fahren. Und wenn Sie Ihren Ton etwas mäßigen, suche ich Ihnen gerne die nächste Verbindung für die Rückfahrt raus.«

Nun, in Anbetracht dessen, dass er vier Stunden später zu Hause sein würde, wurde der Herr doch etwas ruhiger. Mit Schweißperlen auf der Stirn verließ er das Abteil des Zug-Chefs. Am nächsten Halt auszusteigen, um Stunden in der Kälte zu verharren und auf den nächsten Rückzug warten zu müssen, das hätte er sich vor wenigen Minuten nicht vorstellen können.

Wer mit dem Zug fährt, kann auch was sehen

Nicht nur die Landschaften sind immer wieder neu zu entdecken, sondern man kann auch die Menschen immer wieder in einem neuen Aspekt betrachten. Zum Beispiel beim Sex im Zug. Immer wieder von Fahrgästen gern praktiziert und für den Mann in Blau eine interessante Abwechslung. Natürlich sind beschriebene Erlebnisse nicht der Alltag, aber doch Vorkommnisse mit einem gewissen Prickeln der Erotik.

Zwei Stunden vor Mitternacht ist es Zeit für eine erneute Kontrolle der Fahrscheine. Der Mann in Blau öffnet ein Abteil im ICE, dessen Vorhänge ganz zugezogen waren, und sieht eine Frau bei einem Manne auf dem Schoße sitzend. Beide waren so sehr ineinander vertieft, dass sie den Schaffner nicht sofort bemerkten. Pikant, denn die junge Frau hatte außer ihren Stiefeln nichts mehr an. Der Herr in Nadelstreifen ließ seinen daumenlangen Stachel zwischen zwei Hosenknöpfen versinken. Die Frau stand jetzt wie Gott sie schuf, ein makelloser Körper, mitten im Abteil und zog sich ihren Mantel über. Wir wollten sowieso jetzt gehen, und die beiden strebten zur Tür, denn der Zug war gerade in Bonn zum Halten gekommen. Danach gibt der Mann in Blau, die schöne Gestalt noch vor Augen, verschmitzt Signal zur Weiterfahrt.

Düsseldorf. Wenige Minuten später kommt eine junge Frau zum Schaffner: »Hier haben Sie meinen Fahrschein, damit Sie mich nicht stören. Ich gehe jetzt auf das WC, es wird nämlich etwas länger dauern.« Kurz vor Dortmund. Die Frau kommt aus dem WC. Es ist anzunehmen, dass nicht einmal der eigene Ehemann diese Frau wiedererkannt hätte. Plötzlich ist sie zu einer Erscheinung geworden, der jeder Mann hinterher schauen muss. Der Mann in Blau blickt sie verwundert an und fragt: »Sind Sie das?« Und sie nickt: »Haben Sie noch eine gute Fahrt. Vielleicht sehen wir uns morgen früh.« Am frühen Morgen sieht man nicht selten junge Frauen im Zug, denen man die Nacht ansieht. Nur schauen sie dann lange nicht so glücklich aus den Augen wie am Abend zuvor.

Wogegen ein junger Mann im ersten Zug nach München einen weniger glücklichen Eindruck machte. Ihren Fahrschein bitte! In Unterhosen, kein Geld, kein Fahrschein ... eine unglückliche Figur, in der letzten Ecke sitzend. Habe eine junge Frau mit ins Hotel genommen ... und nun weiß ich nicht, wie soll ich das nur meiner Frau beibringen. Der Mann in Blau denkt: »Wenn ich mein eigenes Los betrachte, geht es ja oft kläglich. Wenn ich das Los manch anderer betrachte, dann geht es wieder sehr erträglich.«

Geschichten, die der Mann in Blau auf seiner Fahrt erlebt

Man sagt ja, geh auf die Reise, und du kannst was erleben.

Der ICE war auf der Fahrt, und nicht weniger als fünfhundert Passagiere auf dem Weg in den Norden Richtung Hamburg. Pünktlich in Frankfurt am Main abgefahren, sollte es keinen Grund geben, sich über irgendetwas aufzuregen, oder doch?

Der Mann in Blau begrüßte über Bordfunk all seine Gäste und warf sich dann selbst in die Menschenmenge. Das Bordrestaurant war wie erwartet voll, beinahe überfüllt. In dem Getümmel machen zwei Herren auf sich aufmerksam. Sie wollten doch nur ihre Oma in den Zug setzen und nun hätte man sie einfach nicht mehr hinausgelassen. Die Türen wären nicht mehr zu öffnen gewesen. Nun, und außerdem stehen wir auch noch im Parkverbot. Da soll die Bahn uns das mal bezahlen.

Dem Mann in Blau sind solche Pannen ja nicht unbekannt und so kontert er: »Wer den Schaden hat, braucht für den Spott nicht zu sorgen. Gern verkaufe ich Ihnen einen Fahrschein, denn Sie wollen doch auch wieder zurück? Und damit es nicht ganz so schmerzhaft ist, bitte zweimal einen Fahrschein für die Rückfahrt.«

Die beiden Herren atmeten erleichtert auf und freuten sich trotz der Panne, dass sie eine Freifahrt bis Kassel hatten. Für die Rückfahrt brauchten sie sich nicht noch einmal zum Gespött machen, denn dafür haben sie dann gern bezahlt.

Einen kurzen Moment darauf kam ein Hilferuf über den Zugfunk: »Zug-Chef bitte sofort nach Wagen drei kommen«, und diese Ansage wurde mehrmals wiederholt. Der Mann in Blau beruhigte die Leute, denn bei solcherlei Hilferufen werden eine Menge Leute unruhig und denken an Gefahr. Der Zug war also sehr voll und am liebsten würden die Reisenden in den Wagen drei eilen, um sich zu vergewissern, was denn dort Schlimmes passiert sei. Angekommen im Wagen drei: Eine junge Frau, beinahe ein Mädchen noch, in Blau sagt: »Der Reisende weigert sich ...«

Der Zug-Chef hebt die Hand und sagt: »Bitte ...« Stellt sich vor und bittet den Reisenden, noch einmal den Fahrschein sehen zu dürfen. Sehr widerwillig gab der schon etwas betagte Herr seinen Fahrschein. Der

Mann in Blau berechnete mit seinem Gerät den Fahrschein und stellt eine Differenz von fünf Cent fest. Beinahe ungläubig wendet er sich an die junge Schaffnerin und sagt: »Mein Gerät scheint defekt, ich habe eine Differenz von fünf Cent.«

Diese dann recht verbittert: »Ich weiß, aber mit Nachlösegebühr bekomme ich mehr, und das will ich jetzt haben.«

»Ja«, sagt der Mann in Blau zu dem ergrauten Gast. »Die Kollegin ist im Recht, Sie schulden der Deutschen Bahn eine Preisdifferenz von fünf Cent. Es tut mir sehr Leid, ich entschuldige mich für das Verhalten meiner Kollegin. Offensichtlich hat sie für so eine Differenz nicht die richtigen Worte gefunden. Bitte, nehmen Sie es nicht persönlich. Darf ich Sie zu einem Kaffee einladen? Und noch eine angenehme Reise.«

Der Reisende lächelte wohlwollend.

Und zu der Kollegin gewandt meint der Mann in Blau: »Du solltest mal über deine Verkaufsgespräche nachdenken. Gefällt dir etwa die Tätigkeit nicht?«

Sie lächelte beinahe befreit und damit war die Angelegenheit erledigt. Die Menge, die sich eingefunden hatte, löste sich auf und sie gingen zufrieden ihren Gedanken nach.

Inhalt

Gedichte

Geschichten mit dem Mann in Blau